BIBLIOTHÈQUE DES SPHINX ET DES ŒDIPES

Traité Elémentaire
des
JEUX D'ESPRIT

CHARADES, ANAGRAMMES, LOGOGRIPHES
METAGRAMMES, ENIGMES, ACROSTICHES
POLYGRAPHIE DU CAVALIER
ARITHMOREMES, REBUS GRAPHIQUES
MOTS JANUS, CRYPTOGRAPHIES,
Etc., Etc., Etc.

PAR

J. MICOUD
DE
l'Amicale des Devins de France

IMPRIMERIE MODERNE
AURILLAC

Traité Elémentaire
DES
JEUX D'ESPRIT

PRÉFACE

Parmi les distractions intellectuelles que l'homme a inventé l'une des plus intéressantes est certainement la devinette ou jeu d'esprit.

De grands penseurs, de profonds philosophes n'ont pas dédaigné ces récréations de l'esprit humain, et depuis l'apôtre saint Paul jusqu'à Voltaire, nombreux sont les écrivains qui se sont occupés de jeux d'esprit.

Que ce soit par les longues soirées de l'hiver ou par les beaux jours ensoleillés de l'été, chaque âge, enfant ou adulte, y trouve du plaisir.

Sans tenir compte de la satisfaction d'amour-propre donnée par la résolution d'un problème, ces passe-temps récréatifs augmentent les connaissances générales par l'emploi constant du dictionnaire et tiennent l'esprit toujours en éveil.

Que les lecteurs de ce modeste travail me pardonnent les enfantillages et les simplicités qu'ils rencontreront pour l'explication des différents problèmes aux débutants de nos distractions préférées; cela m'a obligé à des répétitions, à des redites fatigantes mais nécessaires pour la bonne compréhension des devinettes.

Le seul but que l'auteur a voulu atteindre est la diffusion de ces passe-temps instructifs, et de voir s'augmenter encore le nombre déjà si grand des devins et des chercheurs.

QUELQUES CONSEILS

Les qualités les plus utiles à un œdipe sont la patience et la réflexion et, le meilleur conseil que l'on puisse donner à un débutant, est la comparaison de la donnée d'un problème avec sa solution ; il y trouvera une foule d'enseignements utiles et profitables.

Si vous avez une devinette à résoudre, il faut la lire et la relire très attentivement, ce qui échappe à la première lecture vient souvent à la seconde.

Dans tous les jeux d'esprit, il n'est tenu aucun compte des accents ; il en est de même pour la çédille et le tréma ; lorsque vous rencontrerez des lettres doubles comme œ, dans œdipe, souvenez-vous qu'elles sont toujours comptées pour deux lettres.

Pour la solution d'un problème de mots en figures, il est préférable, pour commencer, d'en relever le dessin sur du papier quadrillé.

Lorsque vous enverrez des jeux ou des problèmes à des journaux, ayez soin de n'écrire que sur le recto de la feuille et laissez une ligne en blanc, entre les lignes de la donnée, ceci pour corriger des erreurs s'il s'en trouve. Souvenez-vous que s'il s'agit d'une figure de mots, le dessin doit être représenté avec des lettres et non des points.

Choisissez toujours vos termes et vos définitions dans les petits dictionnaires à la portée de tous, les définitions devront être claires et précises ; n'abusez pas du figuré.

Quand, dans la donnée d'une figure de mots, vous aurez à définir une lettre seule, il est préférable de dire simplement voyelle ou consonne, que outil pour H, oiseau pour G, département pour N.

Si les données de problèmes en vers manquent parfois de netteté et de précision, ils ont par contre l'avantage d'exercer les Sphinx à la poésie facile, et de donner à leurs jeux une originalité que les problèmes en prose n'ont pas.

Avec un traité élémentaire de versification et de la persévérance vous ferez sûrement de rapides progrès.

Pour l'envoi des solutions, le moyen le plus simple et le plus économique est l'envoi sous enveloppe ouverte, timbrée à 0,05 centimes, en ayant soin de ne rien ajouter ayant un caractère de correspondance, seulement le numéro du problème, sa solution, votre nom et adresse écrits très lisiblement.

N'oubliez pas, lorsque cela est demandé, de joindre à votre envoi le coupon ou bon à détacher qui doit être collé sur la feuille même des solutions, vous pouvez ajouter sur l'enveloppe la mention : Papiers d'affaires ou Jeux d'esprit.

Pour faciliter les recherches, il est indispensable d'avoir sous la main un bon dictionnaire, le petit Larousse est tout naturellement indiqué ; il en existe un autre dont l'emploi vous rendra les plus grands services, je veux parler du dictionnaire d'Elie Blanc, que vous trouverez à la librairie Vitte, 3, place Bellecour, Lyon.

Il est peu de journaux illustrés qui ne donnent à leurs lecteurs des concours en tous genres, voici des journaux s'occupant plus spécialement de jeux d'esprit :

Le Progrès de Lyon, le lundi, 85, r. de la République, Lyon ;
Le Radical, le dimanche, 142, rue Montmartre, Paris ;
L'Echo de Paris, le lundi, 6, Place de l'Opéra, Paris ;
Le Petit Journal, le lundi, 61, rue Lafayette, Paris ;
La Croix Illustrée, hebdomadaire, 5, r. Bayard, Paris ;
Le Pêle-Mêle, hebdomadaire, 92, r. St-Lazare, Paris ;
Le Dimanche illustré, 5, Bd des Capucines, Paris ;
Le Bon Vivant, hebd., 18-20, r. du St-Gothard, Paris ;
Fémina, hebdomadaire, 9, av. de l'Opéra, Paris ;
L'Illustration, hebdomadaire, 13, r. St-Georges, Paris ;
Le Monde Illustré, hebd. 13, quai Voltaire, Paris ;

Sténo-Revue, mensuel, 10, r. des Batignolles, Paris ;
L'Enigme, mensuel, Esther Delmas, Mende (Lozère) ;
Le Petit Alumniste, Miribel-les-Echelles (Isère).

Pour prendre connaissance de ces différents journaux, il vous suffira de faire la demande d'un numéro spécimen au directeur du journal choisi, celui-ci se fera un plaisir de vous l'envoyer.

Maintenant, lecteurs, à l'ouvrage, et bonne chance pour les concours futurs.

Adressez tout ce qui concerne le Traité élémentaire des Jeux d'Esprit, à M. J. Micoud, 30, rue des Chartreux, Lyon.

Documents manquants (pages, cahiers...)
NF Z 43-120-13

*Le zéphir embaumé berce les blonds épis,
Où les coquelicots pareils à des rubis
Se réveillent enfin de leurs molles paresses.*

*Et d'un rite éternel dans cette nuit d'été,
La céleste Phébé, aux troublantes caresses,
D'un air majestueux promène sa beauté.*

PIN-SON

Métagramme

Le métagramme simple est une devinette relativement facile, étant donné que dans les mots qu'il s'agit de découvrir, il n'y a qu'une lettre qui change.

Par cette substitution d'une lettre, chaque mot prend une signification nouvelle comme dans: *capon, japon, lapon;* ces mots ne diffèrent entre eux que par la première lettre ou initiale, il n'est pas nécessaire que ce soit l'initiale qui varie, dans les mots suivants: *chameau, chapeau, château,* c'est la lettre du milieu qui change.

Si au lieu d'avoir une lettre à remplacer, nous avions deux, le jeu prend le nom de métagramme double, comme dans: *chasse, chappe, chatte.*

Quand tous les termes à découvrir ont un lien commun, le métagramme prend un qualificatif se rapportant à eux, voici un exemple de métagramme géographique: *Bologne, Sologne, Cologne, Pologne.*

Une jolie variante de ce jeu consiste à passer d'un mot à un autre au moyen de termes intermédiaires formant une chaîne de métagrammes.

En voici un exemple d'un maitre en jeux d'esprit, j'ai nommé Victor Bonnet; auquel nous aurons encore l'occasion de demander des exemples, l'auteur propose d'aller de Paris à Pékin, sans aucune fatigue, sans le moindre aéroplane, mais en s'arrêtant à un nombre déterminé de stations ou métagrammes:

Gageures, *Paris;* Epoux, *Maris;* Navigateur, *Marin;* Partie du jour, *Matin;* Pièce de bois, *Patin;* Physicien célèbre, *Papin;* Roi d'Aquitaine, *Pépin;* Pièce de soie, *Pékin.*

PHRASE METAGRAMMIQUE

Il s'agit de compléter la phrase en remplaçant chaque tiret par un mot convenable, ces mots sont des métagrammes:

Mon cher, notre ami Emile vient de perdre son — et sa —; le pauvre — n'a plus qu'un parti à prendre: il va partir pour la —, où son oncle — un commerce.

Les mots absents sont les suivants: *père, mère, hère, Fère, gère.*

METAGRAMME ACROSTICHE

Cette devinette consiste, après avoir trouvé les métagrammes, à les disposer ensuite de telle façon que leurs initiales forment un mot à lire en acrostiche.

Soit à trouver les définitions suivantes : préposition, *près ;* maintenant, *ores ;* adverbe, *très ;* mesures, *ares ;* pierre dure, *grès ;* époques, *ères.* Les initiales de ces mots lues dans l'ordre forment le mot: *potage.*

Logogriphe

Le logogriphe est un jeu d'esprit qui consiste à faire subir à un mot l'amputation de une ou plusieurs lettres, afin que les lettres restantes, habilement combinées, puissent former d'autres mots. La première lettre se nomme *tête* ou *chef,* celle du milieu *cœur,* la dernière *queue,* chaque lettre du mot prend le nom de *pied.*

Ainsi, dans le mot *Louis,* L est la tête, *s* la queue, *u* se trouve être le cœur.

Le logographe diffère de l'anagramme en ce sens qu'il n'est pas nécessaire de conserver toutes les lettres du mot pour former des mots nouveaux : si de *bœuf*, je sors la tête, il reste *œuf* ; si de *marin* j'ôte le cœur, je trouve *main* ; enfin, si de *minet* je coupe la queue, il me reste *mine*.

Exemples de logogriphes :

Je suis calme et la tempête ;	FLOT
Mais si tu me coupes la tête,	
Je souhaite, en roulant mes eaux,	
Que tu me gagne tout en gros.	LOT
Sur quatre pieds, je suis bipède,	CANNE
Otes-m'en un, je deviens quadrupède	ANE
Avec ma tête avec ma queue,	
D'un salon, je suis l'ornement.	TAPIS
Otez ma tête, ôtez ma queue,	
Je suis un fruit rafraîchissant.	API

Des différentes récréations que l'on peut construire avec le logogriphe, les plus agréables autant qu'intéressantes, sont les mots croissants et décroissants.

Partant d'une lettre, il s'agit de deviner toutes les définitions d'un problème en ajoutant chaque fois une lettre au mot trouvé, jusqu'au mot le plus long ; arrivé là, l'opération inverse est à faire, en ayant soin d'enlever une lettre lorsque vous passez d'un mot à un autre, jusqu'à ce qu'il ne vous reste plus qu'une lettre.

Ne pas oublier qu'il faut anagrammiser, c'est-à-dire mélanger les lettres à chaque définition nouvelle. Voici deux exemples qui vous rendrons l'explication facile :

Mots croissants et décroissants : Consonne, *r* ; note, *re* ; voie, *rue* ; finesse, *ruse* ; un peu acide ; *suret* ; fort, grossier, *rustre* ; vicissitudes, *retours* ; portefaix, *porteurs* ; engourdissement, *torpeur* ; grand nombre, *troupe* ; partie du navire, *proue* ; préposition, *pour;* insecte, *pou;* fleuve d'Italie, *Po;* consonne, *p*.

Mots décroissants et croissants : Convenables, *congrues;* vases pour chimistes, *cornues;* légume japonais, *crosne;* partie animale dure, *corne;* figure géométrique, *cone;* patriarche, *Noé;* lac d'Afrique, *No;* voyelle *o;* prénom, *on;* jamais, *onc;* petite panthère, *once;* arbuste épineux, *ronce;* qui fait la fête, *noceur;* narrateur, *conteur;* qui vit la nuit, *nocturne*.

Il peut arriver que le logographe soit syllabique. En voici un qui procède d'un mot que l'on peut décapiter trois fois de suite.

Prénom féminin, *Marguerite;* abri du soldat, *guérite;* ordre des cérémonies, *rite;* pronom personnel, *te*.

Anagramme

L'origine du mot anagramme, vient de deux termes grecs, qui signifient : à travers les lettres ; en effet, l'anagramme est la transposition de toutes les lettres d'un mot ou d'une phrase pour former un autre mot ou une autre phrase ayant un sens tout différent du premier. *Nacre, carne, caner, écran, ancre, rance, crâne nérac,* sont des anagrammes.

Ce fut, paraît-il, sous François Ier que ce jeu prit naissance. Ce fut d'abord un amusement de société ; il consistait à avoir devant soi un certain nombre de lettres découpées ; chaque joueur devait avec ses lettres, composer le plus de mots possible.

Ce jeu eut à cette époque un énorme succès, malgré cela Guillaume Colletet, poète du temps, dit, au sujet de l'anagramme :

J'aimerais mieux tirer l'oison,
Et même tirer à la rame,
Que d'aller chercher la raison,
Dans les replis d'une anagramme

ce qui prouve qu'il est difficile d'être tous du même avis, quoi qu'il en soit les amateurs s'en donnèrent à plaisir. De la question posée par Pilate à Jésus-Christ: « Quid est véritas? » Qu'est-ce que la vérité?, ils firent: « Est vir qui adest! » L'homme qui est ici!

François Rabelais, le curé de Meudon, eut pendant longtemps le pseudonyme de Alcofribas Nasier.
Les lettres de Frère Jacques Clément, meurtrier de Henri III, donnent: C'EST L'ENFER QUI M'A CRÉÉ, avec l'J considérée, comme I, cette licence n'est plus tolérée aujourd'hui, une des favorites de Charles IX Marie Touchet, voit son nom métamorphosé en JE CHARME TOUT, Versailles donne VILLE SERAS.

En 1789, deux orateurs de l'Assemblée Constituante, Mirabeau et l'abbé Mauri, virent former pour eux le quatrain suivant:

On pourrait faire le pari,
Qu'ils sont nés dans la même peau,
En retournant abbé Mauri
Vous retrouverez Mirabeau.

On remarquera qu'il y a une petite erreur, car nous avons un B de trop dans abbé, de Révolution Française on fit: UN VETO CORSE LA FINIRA.

Voici généralement sous quelle forme les problèmes sur l'anagramme sont présentés:

Pour définir le premier terme,
Sans être taxé de bavard,
Je dirais: Produit externe
Entré dans le corps par hasard,
Pour l'autre c'est autre chose
Joli département français
Qu'une rivière arrose.
Un point, et c'est assez.

Les mots à trouver sont: *écharde* et *ardèche*.

Très joli, le suivant de Paul Martinon, membre de l'Amicale des Devins de France.

CONTRASTE

— *Qui de nous n'a rêvé, lorsqu'il avait vingt ans,*
D'une femme qui fut des belles, la plus belle,
Pour rester insensible à tout ce qui n'est d'elle
Esclave de l'idole et platonique amant.

— *Et combien n'est-il pas, sans charmes, de pauvrettes*
Dont l'ingrate nature a fait des parias
Pour chacune est écrit: « Tu ne te marieras!
Le soleil vaut pour toi la nuit des oubliettes! »

Les mots à trouver sont *idéal* et *laide* un pour chaque quatrain, chaque tiret indique une définition.

Quelques auteurs de problèmes présentent les anagrammes dans une phrase, où les mots à trouver, sont remplacés par des tirets, cette variante prends le nom de phrase anagrammique ; en voici une :

Quand le — a terminé son —, il réveille le troupeau, si une de ses bêtes ne sort pas assez vite, il est obligé de la — pour qu'elle —, notre berger n'avait pas de chien, on lui en — un
PATRE, PATER, TAPER, PARTE, PRETA.

Enigme

L'énigme est la description en termes obscurs et cachés d'une chose que l'on propose à deviner à une personne dont on veut éprouver la sagacité, c'est le plus souvent dans un petit poème, que l'énigme se présente au chercheur

L'énigme considérée comme jeu d'esprit, a une origine fort reculée, puisque dans la mythologie grecque il en est fait mention, les sybilles et les devins, ne parlaient que par enigmes.

Il n'est personne dans le monde aujourd'hui fort nombreux

des amateurs de jeux d'esprit, qui ignore l'énigme fameuse que proposa le Sphinx à Œdipe : « Quel est l'animal qui à quatre pieds le matin, deux à midi et trois le soir ».

Œdipe, qui était fort au jeu des énigmes, répondit : « L'homme ». En effet l'homme marche sur quatre pieds quand il est enfant, sur deux quand il est adulte, et malheureusement sur trois quand il est âgé, c'est-à-dire avec une canne.

Le roi Salomon était entouré d'une grande réputation de sagesse, la reine de Saba, en ayant entendu parler, vint à Jérusalem pour en faire l'expérience par des énigmes.

Salomon donne cette définition de l'homme intelligent : « Celui qui pénètre les paroles des sages et leurs sentences obscures », dans une de ses Epitres aux Corinthiens, Saint Paul s'écrie « Nous ne trouvons plus d'énigmes indéchiffrables. »

Au XVIIe siècle, l'énigme eut une vogue considérable, en voici une célèbre entre toutes, elle est de La Mothe, littérateur et savant français (1588-1672).

> *J'ai vu, j'en suis témoin croyable,*
> *Un jeune enfant, armé d'un fer vainqueur*
> *Le bandeau sur les yeux, tenter l'assaut d'un cœur*
>   *Aussi peu sensible qu'aimable.*
> *Bientôt après, le front élevé dans les airs*
> *L'enfant, tout fier de sa victoire*
> *D'une voix triomphante en célébrait la gloire,*
>   *Et semblait pour témoin, vouloir tout l'Univers,*
> *Quel est donc cet enfant dont j'admirais l'audace?*
> *Ce n'était pas l'Amour! cela vous embarrasse!*
>   UN RAMONEUR.

La suivante est de Boileau :

> *Du repos des humains implacable ennemie,*
> *J'ai rendu mille amants envieux de mon sort,*
> *Je me repais de sang et je trouve la vie*
> *Dans les bras de celui qui recherche ma mort.*
>   PUCE.

On prend quelquefois, pour sujet, une simple lettre.

L'énigme suivante valut, dit-on, à son auteur, Claude de Rulhière, le fauteuil académique, au XVIII° siècle.

Devine-moi lecteur, je suis dans l'Univers,
Sans paraître en Asie, en Europe, en Afrique,
 Encore moins en Amérique;
Si tu veux refuser, doublement je te sers
Et doublement encor, lorsque quelqu'un te donne.
Sans être en Portugal, je me trouve à Lisbonne,
Toujours dans les prisons et jamais dans les fers.
 J'occupe le milieu du monde,
 Mais, par un contraste nouveau,
 Je nage dans le sein de l'onde
 Et je fuis toujours l'eau.

         La lettre N.

Et celle-ci qui, pour en être courte, n'en est pas moins bonne :

Devine-moi, car j'en suis digne
Je me cache lorsque je sers,
C'est presque toujours dans les vers
Que l'on me trouve à chaque ligne.

         HAMEÇON.

L'énigme peut également être en prose :

Je ne suis pas ce que je suis, car si j'étais ce que je suis, je ne serais pas ce que je suis.

         UN VALET.

Pour citer un exemple plus moderne, il serait difficile de trouver mieux que l'énigme suivante, de Théodore Varlet, de Lille, qui obtint l'an dernier un prix au concours de composition de l' « Amicale des Devins de France. »

Potentat, renommé de Paris jusqu'au Gange,
Tirant ses mille noms de domaines divers,
Nul ne le reconnaît, et, mieux que jeune et vert,

Sa vieillesse robuste est digne de louange.

Il se transforme; et rien autour de lui ne change;
Il rend coi le bavard et le muet discret;
Et ce clairvoyant maître a bientôt découvert
L'ange dans le démon et le démon dans l'ange.

Sans armes, du guerrier il est toujours vainqueur;
Et si quelqu'un le hante avec trop de mystère,
C'est celui-là le plus dévergondé de cœur.

N'est-il pas merveilleux que sur toute la terre,
Quelqu'un affronte encor, ce lutteur inclément
Puisqu'il doit succomber inévitablement!

LE VIN.

ENIGME HOMONYMIQUE

On désigne ainsi une énigme dont les mots à deviner sont des homonymes, c'est-à-dire qu'ils se prononcent de la même façon, sans avoir la même ortographe.

Un célèbre navigateur,
Puis, je sers à faire cuire;
Intrépide chanteur
Et partie du navire.

COOK, COKE, COQ, COQUE.

ENIGME GENEALOGIQUE

Deux pauvres aveugles avaient un frère, ce frère meurt, le défunt n'avait pas de frère.

Qu'étaient au défunt les pauvres aveugles?

Les deux sœurs.

Acrostiche

L'acrostiche est une petite pièce de vers, dans laquelle chaque ligne commence par une des lettres du mot que l'on a pris pour sujet.

Louis est un héros sans peur et sans reproche;
On désire le voir. Aussitôt qu'on l'approche
Un sentiment d'amour enflamme tous les cœurs.
Il ne trouve chez nous que des adorateurs.
Son image est partout, excepté dans ma poche.

       LOUIS.

Amour parfait dans mon cœur imprima
Nom très heureux, d'une que j'aime bien,
Non, non jamais cet amoureux lien
Autre que mort défaire ne pourra.

       ANNA.

Dans ce dernier exemple, l'acrostiche est double, car la première et la dernière lettre de chaque vers donnent ANNA.

En matière de jeux d'esprit, l'acrostiche diffère un peu des précédents ; il s'agit de placer certains mots ayant le même nombre de lettres, les uns au-dessous des autres, de manière que l'on puisse lire, un ou plusieurs mots, dans le sens vertical.

Ce jeu se présente sous forme de définitions à trouver. Pour plus de clarté, voici quelques exemples d'acrostiches :

ACROSTICHE DOUBLE : Glorifié, Furoncles, Ile de la Grèce, Poison, Casse, Cordage, Arbrisseau ; les X lues en acrostiches donneront deux colonies françaises.

```
    . X . X .          V A N T E
    . X . X .          C L O U S
    . X . X .          E G I N E
    . X . X .          V E N I N
    . X . X .          B R I S E
    . X . X .          F I L I N
    . X . X .          G E N E T
      ALGERIE. — TUNISIE
```

ACROSTICHE TRIPLE : Symbole, Teintas, Qui appartiennent à la cuisse, Instrument, Parties des navires, Adverbe, Très petit espace de temps; les X donneront trois sous-préfectures.

```
. X . X . X .        E M B L E M E
. X . X . X .        C O L O R A S
. X . X . X .        C R U R A U X
. X . X . X .        E T R I L L E
. X . X . X .        C A R E N E S
. X . X . X .        B I E N T O T
. X . X . X .        I N S T A N T
```
MORTAIN, LORIENT, MAULEON

ACROSTICHE QUADRUPLE: Chiffonnai, Impudentes, Diriger, Ajuster deux roues dentées, Abatardi; les X donneront quatre départements.

```
. X . X . X . X      F R O I S S A I
. X . X . X . X      E H O N T E E S
. X . X . X . X      C O N D U I R E
. X . X . X . X      E N G R E N E R
. X . X . X . X      D E G E N E R E
```
RHONE, INDRE, SEINE, ISERE.

ACROSTICHE QUINTUPLE: Compara à une mesure type, Terrain d'époque primaire, Ville gauloise dans la Nièvre, Font passer en d'autres mains; les X donneront cinq villes de France.

```
. . X X X X . X      E T A L O N N A
. . X X X X . X      S I L U R I E N
. . X X X X . X      B I B R A C T E
. . X X X X . X      A L I E N E N T
```
ALBI, LURE, ORAN, NICE, ANET.

L'acrostiche se présente quelquefois sous la forme suivante, il n'y a pas de mots à trouver, mais seulement à compléter, comme celui-ci où il faut trouver les noms de deux écrivains français.

```
A . I . E        A B I M E
C . C . N        C O C O N
C . E . S        C I E L S
A . P . N        A L P I N
R . V . R        R E V E R
P . T . E        P A T R E
F . M . E        F U M E E
```

BOILEAU, MOLIERE.

Polygraphie du Cavalier

La polygraphie ou marche du cavalier est un problème de reconstitution ; il s'agit en effet de retrouver un texte dont les lambeaux ont été disséminés avec intention, dans un damier de 64 cases, suivant l'ordre déterminé par la marche du cavalier aux échecs.

La ressemblance de ce jeu à la course que Thésée dut accomplir dans le Labyrinthe, lui fait donner quelquefois le nom de fil d'Ariane.

Il est indispensable de connaître cette marche pour solutionner ces problèmes, nous allons essayer de l'apprendre aux jeunes œdipes qui l'ignorent.

Sur une feuille de papier, tracez deux damiers de 64 cases, 8 sur la longueur, 8 sur la largeur ; dans le premier numérotez les cases de 1 à 64, le 1 en haut à gauche, le 64 en bas, à droite.

Ceci terminé, pour comprendre la marche du cavalier, nous allons nous servir de chiffres, le cavalier placé sur la case 1 ne peut aller que sur les cases 11 ou 18 ; de la case 8 à celles numérotées 14 ou 23, s'il est sur le 57, il aura le choix entre 42 ou 51, enfin s'il était placé sur 64 il ne pourrait aller qu'aux numéros 47 ou 54.

Voilà pour les 4 angles, prenons maintenant une case centrale, celle du numéro 28; de ce point le cavalier ne peut aller que sur les cases 11, 13, 22, 38, 45, 43, 34 ou 18 à son choix.

Je suppose que vous connaissez le saut que peut faire le cavalier, prenons maintenant l'autre damier, mais à la place des chiffres, inscrivons les 64 morceaux de phrase qui suivent, dans le même ordre où nous avons placé les chiffres, ce sont quelques vers d'une fable bien connue : pas, ver, ay, chiez, pour, ou, fort, mi, ant, la, un, de, le, ne, vue, che, seul, nue, mis, ne, voi, de, fa, va, seau, chan, four, ga, la, tai, mou, qu, ve, pe, fo, si, la, sa, trou, er, te, el, ci, mi, n, ne, and, de, tit, fut, al, le, ce, bi, cri, se, le, tout, mor, se, la, te, au, la.

En général, dans un texte inconnu, les angles servent de points de départ, pour les recherches et pour assembler les premiers mots; il reste à chercher quels sont les fragments de mots que l'on peut joindre raisonnablement, en ayant soin que le cavalier n'interrompe pas sa marche jusqu'à la fin.

Pour vous faciliter la tâche, voici dans quel ordre doivent être lus les chiffres, au fur et à mesure, inscrivez les mots que vous rencontrerez : 37 43 28 13 3 9 26 41 58 52 62 56 39 24 7 22 5 15 32 47 64 54 60 50 33 18 1 11 17 34 49 19 59 53 63 48 31 16 6 12 2 19 25 42 57 51 61 55 40 23 8 14 4 10 27 44 38 21 36 46 29 35 40 30 20.

Le texte à reconstituer était les huit premiers vers de la fable *La Cigale et la Fourmi*.

On appelle *chaîne* la succession de pas que fait le cavalier dans sa marche la chaîne peut être ouverte ou fermée.

On dit que la chaîne est ouverte lorsque, entre le point de départ et le point d'arrivée, il y a plus d'un pas d'intervalle; au contraire, la chaîne est dite fermée lorsque, par un dernier pas, vous pouvez rejoindre le point de départ.

Arithmorèmes

L'arithmorème est une variété de l'anagramme, elle consiste à trouver un mot à l'aide des lettres d'une défiinition et d'un nombre en chiffres arabes.

Ce nombre est d'abord traduit en chiffres romains correspondant à des lettres de l'alphabet français, il faut ensuite anagrammiser les lettres de la définition et les chiffres romains pour obtenir le mot demandé, exemple: Note de musique+54 = Un de nos meilleurs amis; solution: RE+LIV= LIVRE.

La première opération est la traduction des nombres en chiffres romains; pour le débutants, voici quelques renseignements sur ces chiffres: les Romains avaient pour chiffres certaines lettres majuscules, les voici dans l'ordre: I=1, V=5, X=10, L=50, C=100, D=500, M=1000.

Leur système repose sur deux principes: 1° toute lettre placée à la droite d'une autre figurant une valeur supérieure ou égale à la sienne, s'ajoute à celle-ci, exemple: XXVI=26; 2° la lettre placée à la gauche d'une autre plus forte qu'elle, indique que le nombre qui lui correspond doit être retranché d'elle, exemple: IX=9, XL=40.

Il n'est pas obligatoire que le nombre soit placé dans l'ordre qu'il occupe dans le mot à trouver, ainsi dans le mot VLADIMIR, les chiffres romains seront placés ainsi: MDLVII, ou 1557, en commençant toujours par le plus fort.

Il est bon de remarquer que les lettres constituant le nombre en chiffres romains, figurent dans le mot à trouver, elles serviront pour diriger nos recherches; dans l'arithmorème suivant, suc de fruit cuit+152=Oiseau, nous remarquons que dans le nom de cet oiseau se trouvent les lettres C L II, il devient dès lors plus facile, en consultant des nom d'oiseaux, de trouver COLIBRI, ou ROB+CLII=COLIBRI.

Voici quelques exemples d'arithmorêmes historiques et géographiques :

Economiste (1822) + 51 = Savant (1510-1590) : PASSY + LI = PALISSY.

Faix + 1060 = Maréchal de France (1775-1852) : ANEES + MLX = EXELMANS.

Partie du jour + 152 = Cardinal célèbre : HEURE + CLII = RICHELIEU.

Appareils + 101 = Célèbre auteur dramatique : BERS + CI = SCRIBE.

Ouvertes + 551 = Compositeur français : BEES + DLI = DELIBES.

Père de Jason + 501 = Grand physicien né en 1847 : ESON + DI = EDISON.

Souveraine + 5 = Département : REINE + V = NIEVRE.

Prince troyen + 505 = Département : ENEE + DV = VENDEE.

Instrument + 105 = Chef-lieu d'arrondissement : ALENE + CV = VALENCE.

Commencée + 1500 = Chef-lieu d'arrondissement : NEE + MD = MENDE.

Rébus graphiques

Le rébus est l'expression figurée d'une pensée ou d'une phrase, par une suite d'image d'objets dont les noms rappellent des mots ou des syllabes, le tout disposé, souvent de telle manière, que l'arrangement même y a son effet, ainsi :

$$\frac{\text{pir}}{\text{un}} \quad \frac{\text{vent}}{\text{vient}} \quad \frac{\text{venir}}{\text{d'un}}$$

Un soupir vient souvent d'un souvenir

Nous ne nous occuperons spécialement que des rébus graphiques, c'est-à-dire ceux dont la donnée ne comporte que des lettres, chiffres, ou signes ordinaires.

Voici quelques exemples de rébus graphique très simples : G A C M E L N, *j'ai assez aimé Hélène*, phrase d'un amoureux désabusé et amateur de rébus.

L'enseigne d'un marchand de vin : o 100 20, 20 100 o, *eau sans vin, vin sans eau*.

L'épitaphe de la batelière :

$$\frac{L \quad U}{O}$$

Elle a vécu sur l'eau

Une muse qui se cache dans des chiffres :

100+50+1+10=CLIO en chiffres romains

Savez-vous quel est le roi de France dont le nom s'écrit par cent cinquante o, six S? Réponse :

Clovis : CL-o VI-S=CLOVIS

Dans le même ordre d'idées, on peut écrire le nom de saint Vincent de la manière suivante :

V XXC

Les deux exemples suivants montrent que la position même des mots a une grande importance :

tu, I, tu....si, i, tu....ré, j, ré
Y entres-tu? Si tu y entres, j'y entrerai

Traduction : *I entre tu, si, tu, i entre, j' entre ré.*

La devise du grand savant Arago :

$$\frac{\text{ure}}{\text{are} \quad \text{éril}}$$

Arago chérit la droiture par dessus tout
Arc à gauche, éril à droite, ure par dessus tout.

L'omission d'une ou plusieurs lettres donne lieu quelquefois à de jolis rébus. Exemple: à qui est adressée une lettre portant la suscription suivante?

A Mademoselle

Remarquez que la lettre *i* a été supprimée avec intention. Réponse: à *Mademoiselle Sophie*, sauf *i*.

Celui-ci, du même genre, demande un peu plus de réflexion: A qui est adressé le billet portant sur l'enveloppe ceci: *A mon .n...?*

A mon oncle Sophocle (sauf *ocle*).

Un joli exemple de rébus en vers est celui-ci, de M. Auguste Rault, de la Délivrande (Calvados):

Quelle chaleur! dit le vulgaire,
Qu'un temps pareil n'arrange guère.
Corse, Cardinal, Elément,
Soupire le Sphinx plaisamment!

Ile, Fesch, Eau. — Il fait chaud.

Du même auteur:

Comment va ton oncle Pamphile?
En guérira-t-il cette fois?
Quittera-t-il son domicile
Avec un pardessus de bois?
L'ami prenant des airs bravaches
Faisant un mot me répondit:
Mon oncle mon vieux, trait les vaches
Dieux! quelle tâche!... Je traduisis:

....

Son oncle va de *pis* en *pis*..

Mots Janus

La langue française possède certains mots ayant deux significations très différentes, suivant qu'ils sont lus par le commencement ou par la fin, c'est-à-dire par la gauche ou par la droite, cette particularité leur a fait donner le nom de mots Janus.

Janus était le nom d'un personnage mythologique qui avait reçu de Saturne, chassé du ciel, un pouvoir remarquable ; le passé et l'avenir étaient toujours présents à ses yeux.

Cette double faculté l'avait fait représenté avec deux figures, les Romains en firent une divinité et l'empereur Numa lui éleva un temple, qui avait deux entrées, l'une regardant en avant, l'autre en arrière.

Ces mots sont soumis à la sagacité des devins sous formes d'explications énigmatiques contenant la double définition du mot Janus, la donnée du problème peut-être en vers ou en prose, les lettres du mot n'ont pas à être déplacées, il suffit de les lire par l'un ou l'autre côté.

LEGER, *REGEL*, RES'SAC, *CASSER*

— *Sans force et sans vigueur, un vulgaire animal,*
— *Premier pas dans l'azur, chemin de l'idéal.*

Rosse-Essor.

*Exemple de mot Janus en prose: Comme nous étions sur sa......
le cheval fit un.........*

Trace-écart.

Un autre exemple en vers.

*De maint bambin, prénom
Aussi gentil qu'aimable,
En retournant mon nom,
Changement admirable
Tout près du Réveillon.
La journée mémorable.*

Léon, Noël.

Il existe des dictionnaires spéciaux pour les mots Janus, je vous recommande celui de P. Cattier que vous trouverez à la librairie, Blanchet, Le Mans.

Voici quelques mots Janus, pour bien en comprendre l'originalité : *On*, pronon, *nô*, lac d'Afrique — *tu*, pronon, *ut*, note de musique — *fi*, interjection, *if* arbre — *tuf*, pierre spongieuse, *fut*, tonneau — *avé*, prière, *éva*, prénom féminin, — *les*, article, *sel*, assaisonnement — *Amri*, roi d'Eraél, *Irma*, prénom — *Maïs*, graminée, *Siam*, état de l'Indo-Chine — *Siva*, dieu indien, *Avis*, avertissement, — *Haras*, établissement à chevaux, *Sarah*, prénom féminin — *Reçus*, perçus, *Sucer* téter — *Révèle*, découvre, *Elever*, ériger — *Tanger*, ville du Maroc, *Régnât*, gouvernat — *Alevin*, petit poisson, *Nivela*, égalisa — *Erivan*, ville russe, *Navire*, vaisseau — *Strasse*, bourre de soie, *Essarts*, Chef lieu de canton.

Mots Palindrômes

On donne ce nom à des mots ou à des vers qui peuvent se lire indifféremment, de droite à gauche, ou de gauche à droite, sans changer de signification, c'est l'inverse des mots Janus.

Laval est un mot palindrôme, qu'il soit lu par le commencement ou par la fin, c'est toujours *Laval*, en voici quelques-uns pour exemples :

Ici, non, tôt, ses, été, réer, elle, Lebel, Noyon, nanan, rêver, serres, ressasser.

Ces mots sont assez rares, la langue fançaise n'en possède pas beaucoup, aussi a-t-on tourné la difficulté en composant la phrase ou le vers palindrôme.

Ce fut les auteurs latins qui s'en servirent les premiers, un des plus anciens est celui-ci que son auteur place dans la bouche de Satan : « *Signate, signa temere me tangis et angis.* »

(Signes-toi, signes-toi, c'est en vain que tu me touches et que tu me tourmentes).

Un autre bien connu, latin également: « *Roma tibi, subito motibus ibit amor.* » *(Rome, mon amour, s'élancera soudainement vers toi)*, mais le plus curieux est certainement celui-ci: « *Odo tenet mulum madidam mappam tenet anna* », il présente ceci de particulier, c'est que chaque mot est lui-même palindrôme.

Nous possédons en français un certain nombre de phrases ou vers palindrômes, plusieurs sont classiques et connues, mais il n'est pas inutile de les consigner ici, pour ceux qui les ignorent :

Tel libella mal le billet.
Eviter porte trop rétive.
Trace là mon nom à l'écart.
Ta bile célébra, Barbe, le célibat.
Léon a trop part rapport à Noël.
Elle dira, hélas, ô sale haridelle !
A révéler mon nom relèvera.

Cryptographie

La cryptographie est l'art des écritures secrètes, sa définition vient de deux mots grecs qui signifient j'écris caché. Un cryptogramme est un problème dont les lettres ont été remplacées par d'autres lettres.

La résolution d'un cryptogramme comporte deux opérations; un calcul de probabilité et une recherche par tâtonnements, c'est par leur réunion que l'on trouve la clef, plus une cryptographie contient de lettres, plus elle est facile à résoudre.

Nous allons examiner les principales cryptographies en commençant par les plus simples.

Voyelles ou consonnes absentes.

L.S P.T.TS R..SS...X F.NT L.S GR.ND.S R.V..R.S

Les petits ruisseaux font les grandes rivières.

Dans l'exemple ci-dessus, les voyelles ont été supprimées, et remplacées par des points

Il s'agit de reconstituer la phrase en ajoutant les voyelles convenables, pour donner à la phrase son sens primitif, l'observation attentive du texte est le meilleur moyen d'en venir à bout.

Il en est de même lorsque c'est les consonnes qui ont été enlevées.

.E.I. A .E.I. .'OI.EAU .AI. .O. .I.

Petit à petit l'oiseau fait son nid.

Par ces deux exemples vous pouvez vous rendre compte, qu'il n'y a pas, jusque là, de grosses difficultés.

CRYPTOGRAPHIE SYSTÈME JULES CÉSAR

La cryptographie par substitution simple ou méthode Jules César, consiste à remplacer les lettres données, par d'autres lettres à découvrir.

C'est la plus facile et la plus fréquente dans les jeux d'esprit, une grande patience est la qualité nécessaire pour atteindre le but.

Les premiers indices doivent être fournis par l'observation attentive de la phrase à traduire, les lettres seules ou isolées, la fréquence et la répétition de certaines lettres, vous mettront sur la voie.

La première opération à faire pour traduire une cryptographie par substitution simple est le dénombrement des lettres du texte, afin de savoir combien de fois, chaque signe, y est représenté.

Il faut ensuite relever le cryptogramme sur du papier, en ayant soin de bien séparer les mots, au-dessous de chaque lettre ou signe, placez un point en laissant une ligne d'intervalle, pour que vous puissiez mieux comprendre, nous allons déchiffrer ensemble, la cryptographie suivante.

BVY QFUJUT EFT PJTFBVY JM EPOOF MFVS QBUVSF
... .
FU TB CPOF T'FUFOE TVS UPVUF MB OBUVSF
.. .. ,..... ... .

Le calcul de probabilité repose sur cette particularité propre à toutes les langues que certaines lettres reviennent plus souvent que d'autres; en français c'est la lettre E, il y en a en moyenne une pour cinq lettres, viennent ensuite S, R, I, A.

Revenons à notre problème, nous constatons que le signe qui revient le plus souvent, est la lettre F, nous en concluons qu'elle représente la lettre E, si à la place des points situés au-dessous des F, nous écrivons la lettre E, voici ce que nous obtenons :

... .E.... .E. ...E... .. ....E .E.. .....E
E. .. ....E 'E.E.. ... .E .. ..E

Comme la terminaison de chaque ligne est la même, je suppose que ce sont des vers, le premier mot du deuxième vers pourrait bien être ET, essayons et ajoutons T, au-dessous de chaque U.

... .ET.T. .E. ...E... .. ....E ..E. ..T..E
ET .. ...TE .'ETE.. ... T..TE .. ..T..E

Examinons le deuxième mot, ce ne peut être que petits ou petite; comme la dernière lettre du mot n'est pas sûre, n'ajoutons que le commencement P et I, cela nous donnera la traduction suivante :

... PETIT. .E. .I.E... I. ....E .E.. P.T..E
ET .. ...TE .'ETE.. ... T..TE .. ..T..E

Regardons le résultat obtenu, cela ne dit pas encore grand' chose, pourtant le 5° mot du premier vers ne peut être que IL, car en français il n'y en a pas d'autres qui convienne mieux, d'autre part, le 5° mot du 2° vers, pourrait bien être le verbe étendre avec la lettre S devant; si nous remplaçons les M par L, les O par N et les E par D, nous aurons notre cryptographie dans l'état suivant:

... PETITS DES .ISE... IL D.NNE LE.. P.T..E ET S. .ONTE S'ETEND S.. T..TE L. N.T..E

Une remarque à faire en passant, les quatre premiers mots indiquent nettement un pluriel, et cependant ni le premier, ni le quatrième ne se terminent par S, il n'y a pas de doute, la lettre finale des premier et quatrième mots est X.

Le sixième mot de la première ligne est également facile à compléter, c'est sûrement DONNE, une autre remarque dont nous avons à tenir compte, c'est que dans les trois derniers mots, nous avons le féminin clairement indiqué, nous pouvons donc mettre A à la place de B, O à la place de F, et X pour Y, total 3 nouvelles lettres à traduire, en voici le résultat:

A.X PETITS DES OISEA.X IL DONNE LE.. PAT..E ET SA .ONTE S'ETEND S.. TO.TE LA NAT..E

Notre texte devient compréhensible, nous sommes sur le bon chemin, nos lecteurs qui se souviennent de leurs classiques, reconnaitront de suite les beaux vers de Racine, dès lors il est facile d'ajouter les lettres qui manquent encore, pour avoir notre problème entièrement déchiffré.

AUX PETITS DES OISEAUX IL DONNE LEUR PATURE ET SA BONTE S'ETEND SUR TOUTE LA NATURE

Quand vous aurez de cette façon traduit plusieurs cryptogrammes, il ne vous restera plus qu'à composer vous-même, quelques-uns de ces jeux, cela vous sera facile, en vous conformant aux conseils suivants:

1°. Ecrire l'alphabet français dans l'ordre normal,

ABCDEFGHIJKLMNOPQRSTUVXYZ

2° Ecrire au-dessous, le même alphabet mais en le commençant par une lettre autre que A, par exemple prenons O comme point de départ, et mettons la lettre A sous la lettre O, continuons jusqu'à Z, arrivé là il faudra revenir sous le A et continuer comme ceci :

ABCDEFGHIJKLMNOPQRSTUVXYZ
LMNOPQRSTUVXYZABCDEFGHIJK

3° Prenons maintenant le texte à cryptographier, relevons-le avec les lettres qui correspondent au premier alphabet, supposons que nous ayons comme texte le proverbe « A bon chat, bon rat », nous aurons :

A BON CHAT BON RAT
L MAZ NSLF MAZ DLF

La ligne du haut représente l'alphabet normal, la ligne du bas, l'alphabet transposé.

Cryptographie système Jangada

Pour déchiffrer une cryptographie système Jangada, il faut d'abord en connaître la clef c'est généralement, un nombre donné par une date historique, l'année de la naissance ou de la mort d'un homme célèbre, etc.

Une fois en possession de ce nombre, il faut l'écrire au-dessous du cryptogramme, autant de fois que cela sera possible, en le répétant jusqu'à la fin du problème ; pour les dernières lettres le nombre peut être incomplet, cela ne fait rien.

Supposons la cryptographie suivante dont la clef sera l'année de la naissance d'un maréchal célèbre, surnommé le Tapissier de Notre-Dame.

MK UXMKKT MBKC QUXA UUXC MK OXOJG

Nous savons que le maréchal de France qui obtint ce surnom fut Luxembourg, à cause de ses nombreuses captures de drapeaux ennemis ; à l'aide de l'histoire de France ou du dictionnaire, nous trouvons très vite l'année de sa naissance qui est 1628. Plaçons ce nombre sous notre cryptogramme, autant de fois qu'il sera nécessaire, jusqu'à la fin du texte, en commençant par la gauche; nous obtenons ceci :

MK UXMKKT MBKC QUXA UUXC MK OXOJG
1 6 2 8 1 6 2 8 1 6 2 8 1 6 2 8 1 6 2 8 1 6 2 8 1 6 2

Il faut maintenant retrancher de chaque lettre du texte, autant de lettres que le chiffre placé au-dessous l'indique, ou si vous préférez, faire rétrograder vers la gauche, la lettre, autant de fois que l'exige le chiffre. Pour être mieux compris, écrivons l'alphabet :

ABCDEFGHIJKLMNOPQRSTUVXYZ

Prenons le commencement de notre cryptogramme : la première lettre est M, et le chiffre 1 ; partant de l'M, comptons sur l'alphabet 1 vers la gauche, nous trouvons L ; pour la deuxième lettre qui est K et le chiffre 6, comptons 6 degrés vers la gauche. Nous trouvons la lettre E.

Il arrive quelquefois qu'il n'y a pas à gauche assez de lettres pour compléter le chiffre, dans ce cas il faut, lorsque l'on est arrivé à A, revenir à Z, pour compléter le nombre. L'opération terminée pour toutes les lettres nous aurons la traduction suivante du problème :

MK UXMKKT MBKC QUXA UUXC MK OXOJG
1 6 2 8 1 6 2 8 1 6 2 8 1 6 2 8 1 6 2 8 1 6 2 8 1 6 2
LE SOLEIL LUIT POUR TOUT LE MONDE

Si vous avez l'intention de donner des cryptographies de ce genre à déchiffrer à d'autres œdipes, il faudra pour composer, opérer en sens inverse. Admettons que vous vouliez cryptographier le proverbe suivant : « Au bout du fossé la culbute », et comme clef, l'année de la mort du plus grand poète du XIXe siècle, qui est Victor Hugo, mort en 1885.

Nous écrivons d'abord le proverbe en ayant soin de séparer les mots, et au-dessous, le nombre 1885, autant de fois qu'il sera utile.

AU BOUT DU FOSSE LA CULBUTE
1 8 8 5 1 8 8 5 1 8 8 5 1 8 8 5 1 8 8 5 1 8

Prenons la première lettre A ; comptons vers la droite cette fois, autant de lettres que le chiffre placé au-dessous l'indique. Nous aurons B, la deuxième sera D, car après avoir compter 4 lettres en partant de U, nous trouvons Z. Il faut, pour compléter le nombre, revenir vers la lettre A, pour aller jusqu'à 8.

En continuant de la sorte jusqu'au bout, nous aurons la traduction suivante de notre proverbe :

BD JTVC LA GXBYF TI HVTJAUM

Ces deux systèmes de cryptographies ont été utilisés, l'un par Edgar Poé, dans le « Scarabée d'Or », l'autre par Jules Verne, dans la « Jangada », deux romans extraordinaires dont la lecture intéressera sûrement ceux qui les ignorent.

Il existe encore d'autres méthodes de cryptographies mais elles ne sont employées que dans les chancelleries, ou pour transmettre des ordres importants dans les opérations militaires ; leur étude nous entraînerait trop loin, en outre, ces méthodes ne sont pas employées dans les jeux d'esprit.

.•.

Tels sont brièvement exposés des principaux jeux d'esprit, nous ne pourrions terminer ce petit travail sans parler des figures de mots, depuis le modeste carré, jusqu'aux savantes compositions de nos Sphinx modernes.

Il n'y a pas de procédé spécial pour résoudre ces devinettes ; ce n'est que par l'examen attentif des données et des solutions que l'on y arrive.

En résumé, quel que soit le problème que vous aurez à résoudre, si vous faites provision de patience, d'attention et de bonne volonté, vous ne tarderez pas à obtenir le meilleur de tous les résultats : l'expérience.

Aurillac. — Imprimerie Moderne

www.ingramcontent.com/pod-product-compliance
Lightning Source LLC
Chambersburg PA
CBHW060915050426
42453CB00010B/1740